ポケット判 介護の〇と×シリーズ

記録の書き方
〇と×

佐藤ちよみ 著

中央法規

はじめに

　わが国に介護保険制度が導入されたのは2000（平成12）年のことです。医療保険、年金保険、雇用保険、労働者災害補償保険（労災保険）に続く、5番目の社会保険制度として創設されました。介護保険制度の特徴の1つは、介護サービス計画（ケアプラン）によりサービスが提供されることにあります。

　介護サービス計画で提供されるサービスは保険給付によって支払われますが、各市町村には、各サービス提供事業者が利用者に適正なサービスが提供されているかどうか定期的に監視（監査・指導）する義務があります。その際に判断する材料が、各種の「記録」です。ですから、記録をみれば、そのサービスの適否がわかります。

　とはいえ、現在の介護記録は必ずしも、サービスの適否を判断できる材料になっていないのが現状です。各機関でも「記録研修」が行われ、著者も多くの記録研修を行いました。

　介護職は記録を書く能力がないわけではありません。各事業所の管理者等から何をどのように残すのかという説明を受けていない、あるいは日々の業務に追われて、それらのチェック体制を構築できず、いつしか「おざなり」になり、やがては「なおざり」になって、介護報酬の返還などのペナルティへとつながっているのは残念なことです。

　記録を書くためには、文章の書き方や一般常識、

介護・福祉分野の知識、利用者情報など、多様な知識や情報が必要ですが、とりあえず、自分の残す（残そうとする）介護記録が適切か否か、本書で腕試しをしてみてください。

　本書では「起床介助」「食事介助」「排泄介助」「入浴介助」「レクリエーション」など、現場で提供されている「介護行為」を取り上げ、想定できるケース記録の○と×を示しました。ポケット判という制約もあり、泣く泣く割愛した部分もありますが、現在の自分の記録力の点検材料にしていただければ幸いです。介護職の能力が高く評価されることを祈念しております。

　2013年1月

　　　　　　　　　　対人援助スキルアップ研究所
　　　　　　　　　　所長　佐藤ちよみ

CONTENTS

はじめに

1部 記録を書くための基礎知識

介護保険制度と記録 10
介護記録の役割 14
介護記録の特徴と内容 18

2部 介護記録の視点

① 起床介助 22
② 食事介助 24
③ 排泄介助 26
④ 入浴介助 28
⑤ レクリエーション 30
⑥ 外出介助 32
⑦ 事故 34
⑧ 就寝介助 36
⑨ 服薬介助 38
⑩ 発熱 40

3部 介護記録の〇と×

1 起床の記録〇と× ……… 44
1. 起床介助 …… 44
2. 認知症のある人へのかかわり …… 46
3. 起床介助の拒否 …… 48
4. 車いすへの移乗 …… 50
5. ベッド上での洗面介助 …… 52

2 食事の記録〇と× ……… 54
1. 食事介助 …… 54
2. 献立の説明と介助 …… 56
3. ベッド上での食事介助 …… 58
4. 視覚障害のある人への食事介助 …… 60
5. 難病者への食事介助 …… 62

3 排泄の記録〇と× ……… 64
1. 排泄の誘導と介助 …… 64
2. 夜間コールに対応し、ポータブルトイレへ移乗する …… 66
3. おむつ交換で協力を得る …… 68
4. 便失禁の援助 …… 70
5. トイレ誘導の介助 …… 72

4 入浴の記録〇と× ……… 74
1. 入浴介助 …… 74
2. 湯温の確認のミス …… 76

CONTENTS

　③ 機械浴槽の介助⋯⋯78
　④ シャワーチェアでの介助⋯⋯80
　⑤ 四季の「お湯」を愉しむ⋯⋯82

5 レクリエーションの記録○と× ⋯⋯ 84
　① ホーム喫茶を愉しむ⋯⋯84
　② 車いすで行う風船バレー⋯⋯86
　③ うちわピンポンへの誘い⋯⋯88
　④ 華道クラブで"四季"を感じる⋯⋯90
　⑤ 利用者同士の諍い⋯⋯92

6 外出の記録○と× ⋯⋯ 94
　① 園内散歩⋯⋯94
　② 買い物⋯⋯96
　③ 回転寿司⋯⋯98
　④ 花見⋯⋯100
　⑤ コンビニへの買い物⋯⋯102

7 事故の記録○と× ⋯⋯ 104
　① 掃除中に湯飲み茶碗を割る⋯⋯104
　② 爪切りでの事故⋯⋯106
　③ 移乗の失敗⋯⋯108
　④ 入浴中の事故⋯⋯110
　⑤ お茶をこぼす⋯⋯112

8 就寝の記録○と× ⋯⋯ 114
　① ベッドへの移乗介助⋯⋯114
　② 体位を整える⋯⋯116

CONTENTS

③ 就寝前の歯みがき介助·····118
④ パジャマに着替える·····120
⑤ 就寝時の体位変換·····122

9 服薬の記録〇と× ····· 124
① 食後の服薬介助·····124
② 飲みにくい薬の服薬介助·····126
③ 解熱鎮痛薬の服薬·····128
④ 就寝前の服薬介助·····130
⑤ 薬を飲みたくない人への介助·····132

10 発熱の記録〇と× ····· 134
① 体調不良を訴える利用者の介助·····134
② 看護師の指示による介助·····136
③ 発熱時の入浴の可否·····138
④ 救急対応·····140
⑤ 発熱のある利用者への介助·····142

1部

記録を書くための
基礎知識

介護保険制度と記録

　2000（平成12）年、介護保険制度がスタートするまでの社会福祉は、介護が必要な利用者が市町村へ申請すると、行政機関がサービス実施の可否を判断し、サービス内容、提供主体を決定するという措置制度の考え方によって行われてきました。しかし、少子高齢化に伴い、従来別々に行われてきた老人福祉と高齢者医療に、社会保険制度のしくみを取り入れ、社会保障制度の1つとして整備・導入されたものが「介護保険制度」です。

利用者は要介護認定を受ける

　介護保険制度を利用するためには、「要介護認定」を受ける必要があります。要介護認定によって、要支援1・2、要介護1～5の認定を受けることで初めて「保険の対象者」となり、介護保険制度の利用が可能となるのです。

サービスは「介護サービス計画」に基づいて提供する

　介護保険制度には、サービス利用者を中心に据えた「利用者本位」の考え方が用いられています。利用者は、最初に「介護サービス計画（ケアプラン）」（居宅サービス計画・施設サービス計画）を作成し

1部　記録を書くための基礎知識

ます。なお、居宅サービス計画は、利用者自身や家族でも作成できますが、多くは介護支援専門員（ケアマネジャー）に依頼し、作成しています。

計画作成者(介護支援専門員)はその人らしい生活を送るために目標を定めている

　介護支援専門員等は、国が定めた「課題分析標準項目」に沿って、利用者がその人らしい生活を送るために解決すべき課題を明らかにして、長期目標を定め、その目標を細分化した短期目標を設定します。そのうえで、短期目標を達成するために必要なサービス内容を提案していきます。

利用者はサービス事業所を選択する

　その後、それぞれのサービスを担当するのに適したサービス種別を選び出し、利用者に提案します。利用者は、提案されたサービスを提供してくれるサービス事業所を、介護支援専門員等と相談して選択します。利用者に選ばれた事業所は、利用者と契約を結び、必要なサービスを提供します。

サービス提供者は「個別援助計画」を作成している

　居宅サービス提供事業所側にも、介護サービス計画に沿った「個別援助計画(こべつえんじょけいかく)」の作成が求められ、各事業所は、介護支援専門員等が作成した「介護サービス計画」に沿って個別援助計画を作成し、サービスを提供することになります。介護職はこれらの計画に基づいて利用者に必要な援助を実践します。

介護記録は、介護サービス計画に沿ったサービス提供の証拠となる

　介護職はこれらの介護サービス計画に沿って、サービスを提供している証拠の1つとして介護記録を残すことが求められています。

介護記録は目標達成の度合いを測るツール

　介護職は、各介護サービス計画に応じて、利用者に必要なサービス（援助）を提供しています。そのサービスとは、その人らしい生活を営むのに必要な援助であり、同時に、計画にあげられている目標が達成されれば不要となる援助です。

1部　記録を書くための基礎知識

　介護職は、利用者に必要な援助を日々実践する場合において、常に本人と情報交換を行い、利用者の状況に合わせて介護技術を提供し、違いをもたらしています。介護職が提供するこれらの専門的な技術が、利用者の目標を達成するために必要となるのです。その提供した専門的な介護技術の有無を、誰もが理解できるような具体的な記録として残しておく必要があります。

介護記録の役割

伝票の役割をもつ「介護記録」

　訪問介護サービスであれば、介護記録の記録用紙は、身体介護・生活援助の項目に区切られており、介護職は提供したサービス行為にチェック（レ点、○印など）していきます。

　施設サービスでは、利用者に提供するサービスのうち、「食事・入浴・排泄（はいせつ）」の介護は共通のサービスです。そのため施設では、食事・排泄・入浴などのチェック表を作成し、サービスを提供した証拠を残します。

　特定施設や介護老人保健施設のように、タオルなどの備品の使用や洗濯などのサービスが有料の場合は、有料料金用の伝票用紙も必要となります。

　最近は、施設サービス計画が個別援助計画化しており、介護職が提供するサービス内容が細かく記載されている計画がみられます。この場合、介護職が利用者ごとに、必要なサービス内容が記載された月ごとの個別サービス提供表を作成します。

サービスの質の評価

　介護保険制度は、利用者の「自立支援」「尊厳（そんげん）の保持」「利用者本位のサービス」を理念としたサー

1部　記録を書くための基礎知識

ビスを提供するための制度です。介護職は、この理念を踏まえてサービスを提供します。

　これらのサービスの提供は、介護の知識や介護技術を伴う行為です。そこで、介護記録には「利用者の自立支援」「利用者の尊厳の保持」「利用者本位のサービス」を提供するために用いた介護知識や介護技術を記録する必要があります。

　介護職が**「利用者の自立支援」**をしている記録を残すためには、「利用者のしていること・できること」を明確にして、介護職は「できない部分を援助している」ことが他者にわかるように記録する必要があります。そのため介護職は、自立支援のために「している行為」を具体的に記録しましょう。

　介護職が行っている**「利用者の尊厳の保持」**をしている記録を残すためには、「利用者の嫌がることや恥ずかしいことをしていない」という記録を残す必要があります。しかし実際には、清潔を保持するための入浴介助や排泄介助など、利用者のプライバシーにふれる介助を提供する場合もあります。尊厳の保持を配慮している記録として、「羞恥心に配慮して、バスタオルをかけた」という記録や「プライバシーを保護するためにトイレの外で待った」という記録、あるいは「1人で入浴ができるように配慮した」という記録が必要です。

　介護職が**「利用者本位のサービス」**をしていると

いう記録を残すためには、利用者や家族等の意向を確認しながらサービスを提供しているという内容の記録を残す必要があります。利用者本位のサービスとは、「説明」と「同意」の記録です。介護職は、一つひとつの行為の前に声かけをし、了承を得ます。この際の声かけは、常に利用者に対する説明であることを自覚して行いましょう。

　利用者の同意を得ることができなかった場合には、「拒否された」記録を残します。のちに利用者の同意を得てサービスを実行した場合には記録に残しましょう。この場合、介護職が問いかけた言葉や利用者が答えた言葉なども記録しましょう。

情報の共有

　在宅でも施設でも、利用者の生活は、介護職だけが支えているのではありません。利用者の生活は、保健・医療・福祉・福祉用具等の各分野の従事者や家族・地域など、多職種が連携をしながら支えています。それらをマネジメントしているのが介護支援専門員です。

　そこで介護職には、介護サービス計画に記載されているサービス提供者等との連携が求められています。特に、医療従事者や家族との連携は不可欠です。そのため、サービス提供のなかで、利用者の状態の

1部　記録を書くための基礎知識

変化を察知した場合には、見たままの状態を記録として残す必要があります。

　介護職が医療従事者等と的確に連携ができるように、サービス担当者会議などで、利用者の状態の変化に応じた記録の書き方（約束事）を、医療従事者や家族等と決めておくとよいでしょう。

生活の記録を残す

　私たちは、家族や同僚、友人とかかわりながら生活し、お互いに喜怒哀楽（きどあいらく）の感情を表出しながらかかわります。生活というものが、これら喜怒哀楽の延長線上にあるとすれば、介護職は利用者と日々かかわり、自分たちとのかかわりによって利用者が表出した喜怒哀楽を記録に残さなければなりません。

　ターミナルケアを実践している施設では、利用者がターミナル期を迎えると、ターミナル計画を作成し、必要なサービスを提供していきます。この時期の介護記録には、介護職に対して、利用者が発信した怒りや喜び、悲しみ、笑顔、苦痛等が残された記録が多くなります。介護職がこのような記録を残すためには、利用者の状態を理解し、意識してかかわっていく必要があるでしょう。

介護記録の特徴と内容

(1) 主観的事実の記録

　利用者や家族等が発信した言葉や態度を記す記録です。主に利用者が表面に出した要望や拒否、喜怒哀楽、それに伴う行動を記入します。話し言葉は「　」を用いて記録します。

 利用者のAさんが「今日はすいかが食べたい」と希望された。

(2) 客観的事実の記録

　いわゆる観察記録です。介護職が見たまま、行ったままの事実を記録します。

 リーダーと相談し、スーパーに行ってすいかを買ってきた。

(3) アセスメントの記録

　介護職の専門的視点の記録です。利用者の主観的事実と介護職の客観的事実を合わせ、専門家の視点で○○○が必要だと認識し、必要な行為を提案・提供するなど、介護技術を表現した記録です。

1部　記録を書くための基礎知識

 Aさんには、自分の趣向を伝える能力がある。生活のほかの場面でもAさんの趣向を尋ねれば、主体的な活動ができるかもしれない。

（4）計画を変更する必要性を記す記録

　介護サービス計画に沿ってサービスを実践し、介護職の専門的視点でかかわった結果、利用者に変化が現れ、現在のサービス提供（方法）では利用者の状態（改善・悪化）にそぐわないときに、介護サービス計画の変更を提案（示唆）する記録です。

 数日にわたって気落ちした様子がみられたAさんにいろいろな場面で話をうかがったところ、Aさんは足のけがのため、お墓参りに行くことができなくなったのを残念に思っているらしい。そこで、当面は、お墓参りに行くために必要なリハビリテーションも取り入れてみてはどうだろうか。

2部

介護記録の視点

1 起床介助

　起床介助は、介護職が利用者および周囲の状況観察、体調や気分の把握を行います。この介助のポイントは、介護サービス計画に沿って利用者に提供されているか、組織として「平準化」された「起床介助技術」が提供されているかにあります。第三者が読んでも、具体的に状況がイメージできるように記載しましょう。

書き方のポイント

①介護職（自分）が居室に入室したときに、自分が目にした状況を記載する。
②介護職が提供した介護技術、利用者との会話（コミュニケーション）を記載する。
③起床介助時に自分が観察した内容、提供した技術をふりかえり、その分析結果を記載する。

2部　介護記録の視点

例文

6:30　起床介助

① 　本人自らふとんを右側にどかし、左側臥位の状態で丸くなって就寝していた。

② 　左肩に軽く触れ、「おはようございます！」とあいさつ。本人はすぐに目を開け、「おはよう」とのこと。「ふとんが外れています。○○さん、寒くはありませんか？」とうかがう。「ああ、夕べは暑かったからな。おや、もう起きる時間かい？」と答えられた。「ええ、起きられますか？」と意思を確認すると、「ああ、起きるよ」とのこと。
　起きやすいように、まず、ふとんを元に戻し、右側臥位になっていただく。右肘に力を入れて起き上がるように伝え、ベッドに端座位になっていただいた。気分をうかがうと、「腰が痛いけれど、いつものことなので大丈夫」と答える。「そろそろ暑くなってきたので、綿毛布と交換しましょうか？」と尋ねると、「そうだね」と答える。

③ 　夜間、ふとんを外して寝ていたので、綿毛布の使用を提案。本人より同意を得た。

23

2 食事介助

介助のポイントは、食事を摂るときの利用者の姿勢、食事に対する意欲や希望、その時々の利用者の体調や気分の把握にあります。介護職は、介護サービス計画に沿って、組織として平準化された「食事介助」の技術提供が行われています。その記録を他者が読んでも、状況をイメージできるように記載しましょう。

書き方のポイント

①介護職が食事介助を開始するときに、目にしたままの利用者の状況を記載する。
②食事介助時に提供した介護技術と、利用者との会話(コミュニケーション)を記載する。
③食事介助時に観察した内容、提供した技術を分析し、その結果を記載する。

例文

11:30	食事介助
①	ワゴンよりお膳を本人の前に運び、右隣に座る。本人は、前屈みにテーブルで腕に顔を伏せていた。メニューは、ロールパン・イチゴジャム・スクランブルエッグ・コールスローサラダ・牛乳である。

2部　介護記録の視点

　横から顔をのぞき込み、「眠いのですか？」とうかがうと、「ううん、これが楽なのよ」と本人。献立を伝えると、自ら上体を起こし、「こりゃ、おいしそう」と言う。パンにイチゴジャムをつけて手渡すと、口を開けて待たれている様子。「ご自分で持って食べてみませんか？」と誘ってみると、右手を出して受け取る。手に小さなふるえがみられるが、口に運ぶことができた。咀嚼と嚥下を見守り、飲み込めたことを確認。その後、「おいしいですか？」とうかがうと、「うん、ちょっと甘いわね」と笑顔で答える。

② 　次に、スクランブルエッグをすくいやすいように、お皿を手前に置き、スプーンを渡し、すくってみるように促すも、振戦のため、すくうことは難しいと思われた。そこで、自分がすくいあげてスプーンを手渡すと、本人が口に運んで食べることができた。咀嚼、嚥下に時間がかかり、10分ほど経過すると、上体の前傾姿勢が強まったため、その後は左手で肩峰周辺を軽く支え、上体を保持しながら全介助となる。主食・副食とも全量摂取された。

③ 　食事のスタート時から前傾姿勢であることが多いので、テーブルに着座する時間は、配膳準備を調えた後に行うほうが自己摂取の時間を保持できるのではないかと考えられた（申し送り済み）。

25

3 排泄介助

　排泄へのかかわりは、羞恥心やプライバシーへの配慮が求められます。排泄介助は個別性と多様性があるため、他者が読んでも、利用者の姿勢や介護職が提供すべき介護技術、排泄介助の手順に沿った声かけなど、状況が理解できるように具体的に記載します。

書き方のポイント

① 排泄介助を開始したとき、目にしたままの利用者の状況を記載する。
② 介護職は、排泄介助時に提供した介護技術と、利用者との会話（コミュニケーション内容）を記載する。
③ 介護職が観察した内容や提供した技術をふりかえり、その分析結果を記載する。

例文

16:00　排泄介助

① 　本人から居室前にて呼び止められ「トイレに行きたい」との要望を受ける。車いすを自走する本人に付き添い、トイレへと移動する。

2部　介護記録の視点

①　本人は右側に麻痺があるため、トイレに入った後、左手で右側の手すりにつかまりやすい位置へ車いすを置く。便座の前で左手すりにつかまっていただき、立ち上がり介助を行う。このときに、両足が床に着いていることを目視で確認し、本人に、左足を立ち上がりやすい位置に置いていただくように伝える。

②　立位介助後、下着衣をおろし、尿取りパッドを確認し、床に置く。本人の前より両手で腸骨を支え、腰を回転させ、トイレへ着座の介助を行う。座り心地をうかがった後、羞恥心に配慮し、同意を得て、車いすの背部にある膝かけを大腿部にかける。

　終了後にはコールで呼んでいただくように伝え、そばを離れる。尿取りパッドには少量の便失禁が認められた。排泄後にコールを受け、排便を確認する。本人は「間に合ってよかった」と話された。汚れた箇所を洗い流し、乾いたタオルで清拭した。

③　今回は脱衣介助をした時点で、尿取りパッドに少量の排便がみられたため、排便予想は可能であった。次回から、本人から排泄の訴えがあった場合は、便意の有無を確認のうえ、失禁前にトイレへの誘導が必要と考えられる。

4 入浴介助

入浴介助時のポイントは、利用者の身体状況の観察と適切な入浴介助の提供にあります。介護職が観察した皮膚の状況、個別の介護サービス計画に沿って提供している「介護技術」「コミュニケーション技術」などを具体的に記載します。

書き方のポイント

① 介護職が入浴前後に、見たままの状況を記載する。
② 入浴介助時に提供した介護技術、利用者との会話（コミュニケーション技術）を記載する。
③ 入浴時に観察した内容や提供した技術をふりかえり、分析結果を記載する。

例文

11:00　入浴介助

① 居室を訪問して、これから入浴を行うことを説明すると、利用者から指でOKのサインをいただく。介護職Cと2人介助で、ベッドからストレッチャーに移動。脱衣室に入り、ストレッチャー上で脱衣介助を行う。おむつに排尿が認められた。Cと2人介助で、機械浴槽用のスト

2部　介護記録の視点

　　レッチャーへと移動する。安全ベルトを装着し、プライバシーに配慮してタオルを体の前面にかける。

② 　シャワーの湯温を確認後、本人の同意を得て足先よりシャワーをかける。身体を洗う前には、寒くならないように、本人に右手でシャワーのノズルを持っていただき、お湯を出しておく。左足のくるぶしに発赤が認められたため、本人に痛みの有無を確認する。本人は、首を振って「痛くはない」との意思表示あり。
　湯船のなかでは、右手で湯をすくい、肩にバシャバシャとかけていた。本人の「いいよ」の合図にて、湯から上がる。
　入浴後、ストレッチャーに移動すると「あり〜が」と言いながら、首を前に振る。「こちらこそありがとうございました」と伝えると、ほんのりと笑みをこぼされた。

③ 　左足のくるぶしの発赤については、医務に連絡・申し送り済み。湯船のなかで自らお湯をかけられるようになり、機械浴槽にも慣れてきたご様子。今後は、一般浴槽での入浴も検討する必要あり。

5 レクリエーション

施設が利用者に提供するレクリエーションの目的は「他者との交流」にあります。利用者の参加意欲や参加状況(観察記録)、介護職のかかわりの記録を具体的に記載します。

書き方のポイント

① 介護職が、レクリエーションに誘ったときの状況をそのまま記載する。
② レクリエーションに参加中の利用者に提供した具体的な援助内容や、利用者同士の交流を深めるために交わした会話をそのまま記載する。
③ レクリエーションを提供中に観察した内容や提供した技術をふりかえり、その分析結果を記載する。

例文

14:00　レクリエーション

① Aさんは車いすに座り、フロアで、BさんとCさんがしているテーブルピンポンを見学していた。介護職が「次にやってみませんか?」と誘ってみると、Aさんは車いすを自走させて近づいて来る。

2部　介護記録の視点

② 　「でも、俺にできるかな？」とAさんが言われたが、「大丈夫、できますよ」と伝えた。まずは、先にプレイしている2人の対戦を見守っていただき、勝敗がついたところで、同じく順番を待っていたDさんと本人の対戦となった。
　所定の位置へ車いすを誘導し、ブレーキをかけた。「うん？これじゃ動けないよ」とのこと。介護職からルールの説明を受けると「そうか。動かなくていいのか！」と納得された。ラケット代わりの棒を左右に動かし「なるほど、こうするんだ」と声に出された。
　スタートの合図を受けて、Dさんがピンポン玉をはじく。「ほいさ」とかけ声も勇ましく、はじき返すAさん。3回ほどラリーが続き、Aさんが打ち返したところでDさんがミス。「見ているよりもやるほうがおもしろいな」とAさん。2人とも左手でラケット代わりの棒を巧みに動かし、打ち合っていた。

③ 　勝敗は、ゲームに慣れているDさんが5対3で勝利。負けたとはいえ、Aさんは笑みをうかべて満足そうであった。「楽しかった。また誘ってほしい」とのこと。

6 外出介助

　外出の支援は、病院を受診する、商店に買い物に行く、外気浴をしに行くなど、目的はさまざまです。住み慣れた地域に出かけることは、地域と交流を深めることになります。介護の際の視点としては、外出を常日頃の環境から脱するイベントという視点だけにとらわれず、地域交流の場ととらえ、そのための必要な援助を提供し、結果を記録するように心がけましょう。

書き方のポイント

① 介護職が外出に誘ったときの利用者の反応や状況をそのまま記載する。
② 外出時に提供した具体的な援助内容や、利用者と地域のかかわりの内容を記載する。
③ 外出時に観察した内容や提供した援助をふりかえり、その分析結果を記載する。

例文

14:00　外出介助

① 　介護職が居室を訪問し、本人に買い物に出かける時間がきたことを伝えに行くと、本人はすでに着替えを済ませていて、いつでも出かけら

2部 介護記録の視点

れる状況であった。出かける前に排泄の有無を尋ねるも、すでに済ませたとのこと。

玄関に出て、車いすに乗り替えて出発。スーパートラ屋を目指す。△△駅前にある青果店のご主人が「おや、買い物ですか？」と声をかけてくれた。本人は「ちょっと、そこまで」と答え、ご主人に会釈をして、通り過ぎた。

② 歩道にはあじさいが咲いていた。「あ！ あじさいです」とそばに近寄った。左手で花を触り、「いいわねぇ」とつぶやかれた。トラ屋では、化粧品コーナーで化粧水を購入。店員に「お久しぶりですね。お元気そうで何よりです」と言われ、「ありがとう。ああ、この化粧水がいいのよ、ちょっと高いけどね」と、本人は笑顔で答える。しばらくの間、店員と旧交を温めていた。本人が肌の手入れ方法について、店員に相談。化粧水等のサンプルをもらう。帰り道、先の青果店でりんごジュースを購入し、帰宅する。

③ 顔見知りの青果店のご主人や化粧品売り場の店員との会話を楽しめたようで、帰りがけに「皆さんと話せてよかったわ。ありがとう」と話されていた。

33

7 事故

事故は、意外なところで発生することが多いのです。事故の内容や対応、予防策は、事故後に、全容を分析し、作成する事故報告書へ詳細に記載しましょう。事故が起きた当日は、その時点でわかる範囲の事故内容を記載しておきましょう。

書き方のポイント

①事故の状況や事故が起きたときの利用者の反応を時系列に記載する。
②事故が起きたときに提供していた援助と事故とのかかわりを具体的に記載する。
③提供したサービスを客観的にふりかえり、その原因を分析し、記載するとともに、可能であれば予防策も考えて記載する。

例文

11:30	転倒
①	リビングに向かうため、車いすへの移乗介助中に、利用者が車いすから滑り落ちてしまい、左下のすねをフットサポートでこすり、左足のすねに1cmほどの裂傷を負わせた。

2部 介護記録の視点

　　昼食時間が近づいたので、ベッドで休んでいた本人に「お昼ですよ」と伝える。車いすへの移乗について説明するも、利用者からの返答は確認しなかった。車いすをベッドの右サイドに設置し、全介助で起床介助、続けて車いすへの移乗介助を行った。

② 　通常立位介助を行うときは、左足に力を入れるという本人の協力動作があるが、「こちらの足(左足)で踏ん張ってください」と伝え、本人の前面から介助を行い、本人の腰を引き上げたが、左足の踏ん張りが利かず、うまく回転できなかった。そのまま床へ崩れ落ち、滑り落ちる際に、本人の左足のすねがフットサポートにあたり、裂傷を負わせてしまった。

　　コールで応援を呼ぶ。かけつけたH主任と2人介助でベッドに戻っていただき、医務室に連絡し処置をする。転倒時、本人は「あああ、おおおお〜」と声を上げ、左手でしがみついて来たのを受け止めて、支えることができなかった。

③ 　事故原因は、車いすへの移乗時、左足の協力動作をお願いしたが、本人の左足の位置確認を行わなかったこと、介助の手順によらず、前面からの全介助を試みたため、本人の左足が見えなかった。右側面の保持と一部介助の手順を遵守する必要性を理解できた。

8 就寝介助

　就寝前の支援には、夕食後の口腔ケア、就寝前の排泄ケア、整容ケアがあげられます。ほかにも、普段着から寝間着への着替えや衣類交換、就寝前の服薬、車いすからベッドに移るための移乗・臥床ケアなど、さまざまな介護行為が該当します。

　介護職は、利用者と1日の出来事について語り合ったり、穏やかに休むための「心のケア」も行っています。自分が提供した介護技術とコミュニケーションを記載しましょう。

書き方のポイント

①就寝介助を行う際の利用者の反応や状況をそのまま記載する。
②就寝介助の具体的な介護内容と、そのときに交わされた会話を、できるだけそのまま記載する。
③就寝介助時に観察した内容や提供した技術を分析し、結果を記載する。

2部 介護記録の視点

例文

① 20:30　居室を訪問
　居室を訪問すると、テレビの大河ドラマを前のめりで観ていた。横目で介護職を見ながら、「いいところだから、後にしてくれ」と言われた。

② 20:50　コール対応
　コールがあり、訪問すると「さっきはすまなかったね。せっかく来てもらったのに」とのこと。「いえいえ。こちらこそ、お楽しみのところをお邪魔しました。それで、(内容は)いかがでしたか?」と尋ねると、「ハハハ、ほら、△△役の○○が危なっかしくて、ハラハラドキドキしていいんだよ」とやや興奮気味。
　しばらくの間、女優と結婚して父親になったことなど、○○に関する話をうかがう。最後に、「旦那にするならこういう男を見つけなきゃいかんぞ!」と言われる。その後、就寝前の薬を飲んでもらい、臥床介助を行った。

③ 　△曜日はドラマを観るので、就寝介助への訪問は番組終了時間後がいい。本人はドラマや歴史の話を好むが、介護職は歴史について詳しくないこともあり、話題を変えていただきたいと思われる。

9 服薬介助

　服薬介助は、看護師が担当するのが望ましいものの、多くの場面では介護職による「服薬介助」が行われています。それらの場合も、「服薬管理」は看護師や薬剤師が行うことになっています。

　介護職は、法で認められている行為を除き、医療行為に該当する職域に入らないように注意し、可能な服薬介助の範囲を理解したうえで介助を行い、妥当性のある記録を残しましょう。

書き方のポイント

①服薬介助を開始するときに、目にしたままの利用者の状況を記載する。
②服薬介助で提供した技術と、利用者との会話（コミュニケーション）を記載する。
③観察した内容や提供した技術をふりかえり、その分析結果を記載する。

利用者の状況
介助の技術
利用者との会話
技術の分析

2部　介護記録の視点

例文

8:00　服薬介助

① 　ほかの利用者への朝食介助中に、Aさんから「薬だぁ〜」との声が上がる。そこで介助の手をいったん止め、介助中の利用者にそばを離れることを伝え、同意を得てカウンターの前に移動した。

② 　カウンターに置かれた薬箱から、Aさんの氏名が書かれた薬袋を取り出し、袋の氏名を読み上げ、本人の薬であることを確認する。Aさんに近づき、再度袋を見せて、氏名を確認していただく。本人はうなずき「そうそう」と言いながら、上を向いて口を開けた。そこで、薬袋を破り、錠剤をこぼさないように口に入れ、Aさんは自らコップを持って水を飲んだ。

③ 　今週から薬を預かり、服薬介助が始まる。本人は慣れてきたようで、介護職が近づくと、自ら口を開ける協力動作がみられるようになった。

10 発熱

　介護職は、利用者の状態に変化が生じたり、医務室からの指示があった場合などには、体温計を用いて検温を行います。注意点は、介護職が熱の「高い」「低い」という判断をしないことです。記録には測定値を正しく記録し、そのときに行った介護技術や他職種との連携をそのまま記載しましょう。

書き方のポイント

①発熱時に行う介助の開始には、目にしたままの利用者情報を記載する。
②発熱時の介助で提供した技術や、利用者・他職種との連携の方法、会話などを記載する。
③観察した内容や提供した技術をふりかえり、その分析結果を記載する。

例文

15:00　書道クラブに参加

① 　書道クラブに参加中、本人から頭痛の訴えがあった。検温すると37.8℃と表示されたため、医務室へその旨を連絡し、指示を仰いだ。

40

2部 介護記録の視点

15:30　居室へ誘導

　クラブ活動終了との連絡を受け、娯楽室へ本人を迎えに行く。その後、エレベーター内で「さっきから、頭が痛いのよね」と言われる。居室に戻る前に、フロアで体温を測定すると38.1℃であった。医務室へ連絡すると、看護師が頓服薬を持参してきた。

② 　看護師が再び検温し、発熱を確認。頭が痛くて、熱がやや高いため、医師に連絡し、解熱鎮痛薬を頓服として服用の指示を受ける。「これを飲めば熱も下がると思います」との説明あり。本人も「飲みたくないが飲んだほうがよさそうだな」と服用。氷枕の使用も提案されるが、本人がいらないとのことで使用せず。ベッドに誘導し、休んでいただいた。

17:00　夜勤者への申し送り

　再度看護師が検温すると、37.0℃とのこと。夕食・朝食は居室配膳との指示があり、夜勤者に申し送り、提供となる。

③ 　今回は、本人の体調不良の訴えから発熱がわかったが、常に体調を確認する必要性を感じた。

3部

介護記録の ○と×

1 起床の記録〇と×

起床介助

良い例

6:30　起床介助

　　朝の起床介助に居室へうかがうと、すでに目を覚まされていた。「おはようございます」との声かけに「おはよう」との返事が返る。体調をうかがうと「腰が痛い。いつものことさ」とのこと。
　　「起きてお手洗いに行かれますか？」と尋ねると、「ああ、行く」とサイドレールをつかみ起き上がろうとしたところで、「イタタタ」という痛みの訴えがあった。「大丈夫ですか？どこらへんが痛いのでしょう」と自分。「ここだ。でも大丈夫。起こしてくれ」という本人の背中に手をまわし、起き上がりを補助。「寒いせいかこの時期、いつもと同じ時期に腰が痛むんだ。嫌になるよ」と話された。

3部　介護記録の〇と×

悪い例

```
6:30  起床介助
      朝の起床介助時には開眼(かいがん)。起き上がり介助を
      行うも、腰痛の訴えあり。本人によるといつも
      のこと、特に注意する必要はなし。
```

解説

先入観をもった記録はやめよう

　悪い例の記録でも、本人の様子と訴え、介護職のした行為が簡潔に記録されてはいます。スペースによってはこのぐらいでよいのかもしれませんが、本来の目的からは簡潔過ぎて、腰痛であること以外の情報が得られません。本人の状態や訴えについての概要(がいよう)がわからないと「介護事故では？」と思われたり、誤解が生じる可能性があります。

　さらに、最後には「いつものこと、特に注意する必要はなし。」と根拠のない主観(しゅかん)や先入観(せんにゅうかん)を伴った記録はやめましょう。

　良い例の記録では「　」(かぎ括弧(かっこ))を用いて、本人との会話も適時記載され、起き上がり場面での援助行為も記載されています。本人と介護職とのやりとりや本人の意思、状態の確認、痛みを軽減するための援助方法についても記(しる)されています。

45

2

1 起床の記録○と×

認知症のある人へのかかわり

良い例

6:30　起床介助

　　起床介助で、居室を訪問。あいさつの後、入室すると、本人はすでに1人で起き上がり、タンスの引き出しを開けていた。
　　本人は困ったような顔でこちらを見た。「どうされましたか？」と尋ねると、「家に帰ろうと思うんだけど、服が見つからないの」と言われる。タンスの引き出しを引いて、本人に好みの服を選んでもらった。着替え介助を行い、「朝食ができていますので、食べてからお出かけになったらいかがでしょうか？」と伝える。「すまないねえ」と言い、食堂へ誘導した。食事が済んでも「自宅へ帰る」という言葉は聞かれなかった。

> **悪い例**
>
> 6:30　起床介助
> 　　起床介助に向かうも、すでに起床済み。本人はタンスの前に座り、衣類を選択中。声かけを行い、着替え介助の後、食堂へ誘導した。

解説

かかわり方を記録しよう

　この利用者には、中等度の認知症の症状があると思われます。起床介助に訪れた介護職は、1人で起きてタンスの引き出しを開けていた本人を見ました。

　悪い例の記録では、介護職が見たことと行ったことだけが記載されています。それだけでは、どのような援助が提供されたのかという記録にはなりません。良い例の記録には、利用者の行動と、介護職とのかかわりが記録されています。利用者の返答に対応しつつ、着替え介助を行っています。良い例の記録をみれば、介護職が利用者に対して、意思をうかがい、尊重し、自己選択・自己決定のうえで介助を行っていることがわかるのです。

1 起床の記録〇と×

3 起床介助の拒否

良い例

> 6:30 起床介助
>
> 　起床介助のために居室を訪問。あいさつをするが返事はない。昨晩よく寝られていなかった様子もみられたので、起床時間を遅らせてみる。
>
> 6:45 再度居室を訪問
>
> 　あいさつ後、入室。ベッドサイドに近寄り、再びあいさつ。本人の動きが確認できたので、肩に軽く触れて合図する。「朝食時間になりますので、起きませんか？」と話しかけると、「うるさい！　起きたくないんだ」と返事があった。そのため、起床は保留とした。

悪い例

```
6:30  起床介助
    起床介助のために居室を訪問。あいさつをす
るも返事はなし。
6:45  再度訪問
    ベッドサイドに近寄り、朝食時間を伝えると、
「うるさい」と怒鳴られる。
```

解説

会話は「　」で記録しよう

　悪い例の記録は、本人の「起床拒否」だけを強調して書いています。良い例の記録は、最初の起床介助の後、通常の時間帯に起床介助がなされなかった理由が記載されています。さらに、再度起床介助を行ったときの介護職と利用者との会話が「　」(かぎ括弧)を用いて記録されており、これによって、介護職が一方的に起こそうとしたというわけではないことがわかるのです。

　この場合、「肩に軽く触れる合図」が、利用者の気分を損ねた可能性も否定できません。いずれにしても、起床介助がうまくいかなかった事実を詳しく記録に残すことが必要です。

4

1 起床の記録〇と×

車いすへの移乗

良い例

6:40　移乗介助

　起床介助後、端座位での安定を確認する。車いすへの移乗方法について説明し、同意を得る。本人に左手を伸ばし、アームサポートをつかんでいただく。その後、右足の膝折れに注意しつつ、移乗介助を行った。

3部　介護記録の〇と×

悪い例

```
6:40　移乗介助
　　　起床後、車いすへの移乗介助を行った。
```

解説

書かなければ、読み手に伝わらない

　悪い例の記録は、介護行為の記述のみで終わっていることです。良い例の記録は、介護職の行った安全確認や、言葉がけの様子も記録されています。実際は多くの介護職が提供しているサービスも、記録に残されていなければ、その場にいない人には伝わりません。

　さらに、本人に左手を伸ばしてもらい、自身でアームサポートをつかんでいただいたことが記録されています。これは、利用者の「できること」の記録（アセスメント）として重要な記載であり、介護保険制度の趣旨に沿った「自立支援に向けての取り組み」を行っているという根拠になります。

5 ベッド上での洗面介助

1 起床の記録〇と×

あぁぁ〜

良い例

6:15　洗面介助

　居室を訪問し、あいさつする。本人の覚醒度を確認し、朝になったことを伝え、洗面についての説明を行う。
　額にタオルをあてると、目を閉じられた。右目の上を拭き、タオルの面を変えて、左目の上を拭いた。次に、タオルの中面を広げて口の周りを拭くと、「あぁぁ〜」とうれしそうに声を出された。

3部 介護記録の〇と×

1 起床の記録〇と×

> 悪い例
>
> 6:15 洗面介助
>
> ベッド上にて洗面介助を行う。本人はいつもどおりの対応をされた。

解説

本人の反応は漏らさず記録しよう

　悪い例の記録では、介護職が「洗面介助」を行った事実のみの記載となっています。対して、良い例の記録では、介護職が提供した介護技術、ここでは利用者の顔を拭くためのタオルの使い方がしっかりと文章で表現され、洗面介助に対して、本人がうれしそうに声を出して反応したことにも注目し、詳しく記載されています。

53

1

2 食事の記録〇と×

食事介助

良い例

18:00　食事介助

　　居室に配膳。食事の途中から介助に入る。本人は全体量の半分ほど摂取できていた。そばに座ることを説明し、同意を得て座る。1人でうまく食べられていることを伝えると、「……そう」と微笑まれた。

　　スプーンを持つ手がややふるえて食器に当たり、音が出た。少し困った表情になったので「気になさらなくても大丈夫です。食べることのほうが大切です」と伝えた。本人もうなずき、スプーンを口へと運んでいく。

　　食事開始から約25分が経過し、手のふるえがはっきりしてきたことから、手伝うことを伝え、本人の同意を得て介助となる。酢の物は苦手とのことで、一口のみ摂取し、後は残された。

3部　介護記録の〇と×

悪い例

```
18:00　食事介助

　　　食事介助。主食8・副食9、酢の物を残された。
　　　食事の後半は、やや疲れた様子。
```

解説

気遣いや励ましも記録しよう

　細かな食事量はチェック表等に記載されています。介護職は、食事介助のときに無言で介助を行っていることはまずありません。本人の体調を気遣ったり、うまく食べられている様子がみられれば、ともに喜んだりしています。

　悪い例の記録は、介護職が行ったと思われる励ましや観察場面がまったく記載されていません。良い例の記録では、利用者の状態や介護職の気遣い、励ましなども記載されています。たとえいつも行っていることであっても、気遣いや励まし、観察したことは記録しておくように心がけましょう。

2 食事の記録○と✕
献立の説明と介助

良い例

| 7:30 | 食事介助 |

　朝食までの待ち時間、車いすにてうとうとと目を閉じていらした。お膳の配膳後も目は覚まされない。隣に座り、食事が配膳されたことを伝えると、目を覚まされた。
　本日のメニューの内容を説明すると、身体を乗り出して、食事内容を確認されていた。「これ、食べていいのかい？」と聞かれたので、「もちろんです。どうぞ、召し上がってください」と答える。すると、喜ばれた様子で箸を取って食べ始め、全量摂取された。

3部 介護記録の〇と×

悪い例

```
7:30  食事介助
    車いすで居眠り。食事の配膳を伝え、説明す
    ると、目を開けて自分で摂取する。
```

解説

当事者ならではの記録を！

悪い例の記録は、客観的事実の記載にとどまり、介助者というよりも、第三者的な立場でその様子を見て記載したような内容です。

良い例の記録には、介護職が隣に座ったこと、本日のメニューについて説明したことが記載されています。さらにそれを受けた本人に「これ、食べていいのかい？」と聞かれたことも省かれずに記載されています。これも介護職であれば本人に対して毎回「本日のメニュー」を説明しているはずです。そうであれば、介護職が個別に行った行為（介護技術の提供）は可能な限り記録しておきます。

3 ベッド上での食事介助

2 食事の記録○と×

良い例

12:30　食事介助

　　ベッド上にて食事介助を行う。主食8・副食4であった。ペースト食を口に入れても、ややぼーっとされている様子。口を動かしてもらうため、耳もとで「もぐ、もぐ、もぐ、もぐ」と言葉をかけてみる。するとそれに反応されて咀嚼(そしゃく)が始まる。

　　次に「ゴックン」と声をかけ、ゴックンという合図をすると嚥下(えんげ)をしていただける。その後、主食と副食は言葉がけを行いながら交互に食べていただく。

　　途中から口を開く度合いが悪くなり、スプーンで唇(くちびる)を刺激しても口を開けていただけないため、食事介助を終了した。

3部 介護記録の○と×

悪い例

```
12:30  食事介助
     ベッドで食事介助。主食8・副食4。飲み込み
     が悪く、食が進まない。
```

解説

かかった介護の手間も記録しよう

　介護行為のなかでも、食事介助が一番手間のかかる援助だといわれます。悪い例の記録でさえも、食事での摂取量は記載されており、「量が少ない」ことはわかります。またこの介護職は、原因として飲み込みが悪いことをあげています。

　これでも食事介助の最低限の記録としては成立しているのですが、良い例の記録のように、介護職が利用者に食事を食べてもらうために行っている「言葉がけ」等のアプローチを具体的に記載してほしいものです。介護記録には「かかった介護の手間」が他者にもわかるように記録しましょう。

2 食事の記録〇と×

4 視覚障害のある人への食事介助

良い例

12:10 食事介助

　配膳後、本日のメニューを説明。その後、まず、お茶碗やお皿がある場所を、言葉で説明する。次に本人が右手を伸ばし、食器の位置を一つひとつ確認した後、左手に茶碗を持ち、右手で箸を使って、全量を摂取なさった。

3部 介護記録の○と×

悪い例

```
12:10  食事介助
    配膳後、メニューと食器の位置を説明する。
    自立で全量摂取。
```

解説

利用者の反応は具体的に

　悪い例の記録は、介護職が行った行為だけの記載であり、利用者の反応に対する記載がありません。

　良い例の記録には、介護職が行った行為（食器の位置などの説明）に対する、利用者が「した行動」が記載されています。この記録を見れば、この利用者には食器の位置を説明し、本人に確かめてもらう行為の必要性がわかります。記録には、プラスの表現にしろマイナスの表現にしろ、利用者が介護職の援助に対して示した反応は具体的に記載しておきましょう。

2　食事の記録○と×

5 難病者への食事介助

良い例

12:30　食事介助

　　食事の後半、利用者がスプーンを振り回し「だめだめ」と声を荒げ始めた。そのため、そばに行き、話を聞く。
　　自力で茶碗を持つことができないため、茶碗内の手前のご飯をうまくすくえないという訴えであった。そこで、本人が自力で残りのご飯をスプーンですくえるように横に座り、介助する。
　　まず、自分がお茶碗を持ち、本人にご飯をすくっていただく。おかずなどのほかの器も同様に介助し、食べていただいた。今後は、器に工夫を施したり、分量が減ってくる食事後半を見計らって、同様の介助を行う必要性も考える必要がある。

3部 介護記録の〇と×

悪い例

```
12:30  食事介助
    食事後半、スプーンを振り回す。「だめだめ」
と声を荒げる。いつものことなので、そばに行
き、なだめる。その後、食事を全量摂取。
```

解説

日々の介助も漏らさず記録しよう

　脊髄小脳変性症に罹患されている方の食事介助です。悪い例の記録では、介護職が行った行為が具体的に記載されていません。読む人によっては、介護職が「本人の訴えを一方的に抑え込んだ」と受け取られるかもしれません。悪い例の「いつものこと」も、日々変わる可能性のある本人の状態像に対する行為を誤ってとらえられかねない記載です。

　良い例の記録では、介護職が本人の訴えを聞き、具体的に対応したことが記載されています。この記録を読めば、本人が自立支援の援助法で、食事の全量摂取ができた結果もわかります。今後の介護の方法についても、自分の考えが添えられており、これならば、モニタリングの記録としても評価できます。

3 排泄の記録〇と×

1 排泄の誘導と介助

良い例

| 12:30 | 排泄介助 |

食後、食堂で過ごされていると、急に立ち上がられた。自分がそばに寄り添い「どうされましたか？」と尋ねると、「うん、トイレに行きたい」と話されたため、トイレ誘導を行う。トイレでは羞恥心に配慮し、トイレの外で待つ。排泄後は、居室へ戻りたいと話されたので同行し、歩行を見守りながら居室まで付き添った。

3部　介護記録の○と×

悪い例

```
12:30  排泄介助
    食後、本人からトイレの訴えがあり、トイレ
誘導を行った。
```

解説

「ヒヤリハット」につながる記録を

　悪い例の記録を見ると、利用者が自ら「トイレに行きたい」と訴えたようにも読めます。しかし、良い例の記録を見れば、本人が「急に立ち上がられた」ため、危険を察知した介護職が、本人のそばに行き、立ち上がった理由を尋ねたのち、必要な援助を提供したことがわかるのです。

　これは「トイレ誘導」の記録であるとともに、事故をも未然に防ぐ「ヒヤリハット」としての記録にもつながっていくのです。

2　3　排泄の記録○と×
夜間コールに対応し、ポータブルトイレへ移乗する

良い例

2:00	排泄介助

　　夜間のコールあり。居室を訪問すると、本人はすでにベッドで端座位をとっていた。詳しく尋ねてみると、排泄の訴えであった。そのため、通常どおりのポータブルトイレへの移乗介助を行うこととした。移乗後は、プライバシーに配慮し、バスタオルをかけて終了後に合図のコールをお願いし、居室を出る。しばらくすると再びコールを受け、居室に入り後始末を行った。排泄あり（尿＋）。

3部 介護記録の〇と×

悪い例

```
2:00  排泄介助
      コールあり。ポータブルトイレ介助。排泄（尿
      +）。
```

解説

初めての利用者に接する気持ちで

　悪い例の記録は「コール対応」の記載があるだけです。良い例の記録では、訪問時に遭遇した光景と介護職の問いかけ、本人とのかかわり、プライバシーに配慮した様子が記載されています。

　ポータブルトイレへの移乗は現場では常日頃行われていますが、今一度、初対面の利用者（本人）に説明する気持ちで、介護職の行った配慮をしっかりと記録しましょう。

訪問時の様子
介護職の問いかけ

本人とのかかわり
プライバシーへの配慮

3 排泄の記録○と×

3 おむつ交換で協力を得る

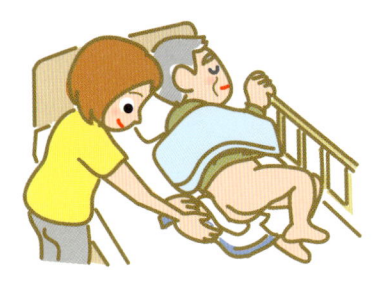

良い例

| 11:00 | 排泄介助 |

定時のおむつ交換を行う。左側臥位になっていただくと、本人自ら右手を出して、サイドレールをつかんでいただく。「つかまっていただくと助かります」と伝えると、「自分でトイレに行けないんだからさ、このくらいは手伝わないと」とのこと。"自分のできることは自分でしたい"という意思がうかがわれる。汚れているところは清拭した。尿＋便−。

3部　介護記録の〇と×

悪い例

```
11:00　排泄介助
　　　　定時おむつ交換。尿＋便－、特変なし。
```

解説

気づいたことは記録として残そう

　悪い例の記録は、介護職が行った行為と、「見た」事実の記載です。「特変なし」とはよくみかける介護記録の表現ですが、本当に変化がないのでしょうか。専門職として観察し、わずかでも変化がみられれば、その状態を記しておくことが必要です。

　良い例の記録では、介護職が行った自立支援の行為と、おむつ交換における本人の協力動作が記載されています。本人とのやりとりの様子を「　　　」（かぎ括弧）を使って記載しています。

　さらに、本人の言葉を受け止め、気持ちを推測し、書き残しています。このように、利用者とのかかわりのなかで気づいたことを記録に残すように心がけましょう。

3 排泄の記録〇と×

4 便失禁の援助

良い例

14:00 排泄介助

○○○号室のAさんよりコールあり。「部屋に来てくれ」とのこと。すぐに訪問すると、Aさんは隣の方向を指さし、Bさんが困難な状況にあることを伝えていただいた。Bさんの周囲には便臭があり、便失禁と考えられた。

Aさんにお礼を伝え、Bさんのそばに寄るとポータブルトイレの便座に座ったまま、タオルで自分の足を拭いている。床には汚れた尿取りパッドが置かれていた。

まず汚れを洗い、着替えをする身振りをした。Bさんはちょっと困ったような顔をしたが、すぐに笑みを浮かべて介助に応じる。部屋の換気後、洗面器で手を洗い、陰部を洗浄し、衣類を交換し、車いすに座った。

やや軟便であったため、便座に座るのが間に合わなかった模様。本人から腹痛等の訴えはなかった。

3部　介護記録の〇と×

> **悪い例**
>
> 14:00　排泄介助
>
> 　　　　同室のAさんから「部屋に来てくれ」とのコールあり。訪問。Bさんに便失禁あり。衣類交換・陰部洗浄。洗面所にて、清潔介助・ポータブルトイレ清掃。室内換気を行う。

解説

かかわりの「手段」も記録しよう

　悪い例の記録では、同室者からのコールで駆けつけた様子が書かれているにもかかわらず、コールをした利用者とのかかわりには触れていません。通常、コールをした利用者とも何らかのかかわりがあるはずですから、その内容も記載したほうがよいでしょう。

　言葉による意思疎通ができない人であれば、どのような手段を用いてコミュニケーションを図ったのかも記載します。人間の"記憶"は正確に残るとは限りません。便失禁などの突発的な出来事であっても、どのような対応をしたのかは詳しく記録しておきましょう。

3 排泄の記録○と×

5 トイレ誘導の介助

良い例

13:15 排泄介助

　　Dさんがリビングの前に立っていたので「どうしましたか？」と尋ねる。困惑した様子で「あの～……」とはっきりとした返事はない。「お茶でもいかがですか？」とリビングのソファーに誘ってみたが、首を横に振り、身体を揺すって動こうとしない。
　　「どうしましょうか？　お手洗いは先ほど行ったばかりなのですが……」と伝えたところ、手を伸ばして介護職の手をたたいた。「もう一度行きますか？」と尋ねると大きくうなずく。再びトイレ誘導を行う。排便あり（軟便＋）。13:00のトイレ誘導でも排便があったことから、医務室にも連絡をとり、様子を観察することとなった。

3部 介護記録の〇と×

悪い例

```
13:15  排泄介助
    リビングに立っていたので、理由を尋ねるとト
イレに行きたいとのことで、トイレ誘導する。
    軟便あり、医務室に連絡、様子観察となる。
```

解説

「介護の手間」は具体的に！

　悪い例の記録は、現状を見たままの事実と、行った援助だけが記載されています。良い例の記録のように、利用者に対してどのように対応したのかその過程から具体的に記載されているものが、記録としては望ましいのです。

　Dさんの場合、普段からコミュニケーションは非言語的コミュニケーションで行われていると思われますので、悪い例の記録のように、かかわりの様子を省いてはいけません。非言語的コミュニケーションの提供は「介護の手間」の部分にあたります。記録には、その手間をより具体的に記載します。

　良い例の記録では、短時間の間での再トイレ誘導であり、排便が続いたため、医務室に連絡したことがわかります。記録には、介護職の行動の根拠を必ず残しておきましょう。

4 入浴の記録○と×

1 入浴介助

良い例

10:00 入浴誘導（にゅうよくゆうどう）

　定時の入浴誘導。食堂で待っていた本人に入浴時間が来たことを伝えると、「待ってました」と叫び、そばに置いてあったタオルを持って立ち上がる。「お風呂、お風呂」と節をつけて声に出し、エレベーター前に移動した。
　エレベーター前に用意されていた衣類袋から、本人の衣類袋を取り出し、一緒にエレベーターを待った。「ご機嫌ですね」と話すと、「ああ！　風呂は大好きだからな。しかも週2回しかない」とのこと。転ぶことがないように付き添い、浴室まで見守った。

3部　介護記録の○と×

悪い例

```
10:00  入浴誘導
        定時の入浴誘導。喜んで入浴していた。
```

解説

第三者にその場の様子が伝わる記録を

悪い例の記録は、介護職が入浴誘導を行った事実と見た感想だけです。

良い例の記録では、介護職が浴室へ行くための準備として、利用者が自分の衣類袋を持っていったこと、本人と一緒にエレベーターを待った様子が具体的に記録されています。

介護職が入浴誘導時にした言葉がけや利用者の反応が、「　」（かぎ括弧）を用いてそのままの言葉で記載されているため、第三者が読んでも、本人が入浴を楽しみにしている様子が伝わってきます。

記録とは直接関係ありませんが、施設の入浴は週2回のところがほとんど。何とかしたいところですが……。

4　入浴の記録○と×

2　湯温の確認のミス

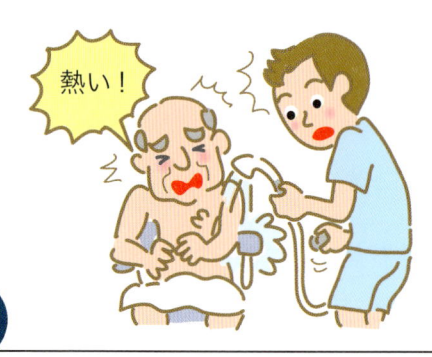

4　入浴の記録○と×

良い例

14:00　入浴介助

　　脱衣後、Nさんを浴室へ誘導し、シャワーチェアで座位介助を行う。プライバシーに配慮し、太腿にタオルをかける。湯温の確認のために、「シャワーを足もとに向けて出す→介護職が手で湯温を確認→シャワーノズルを足もとに向ける→本人が湯温を確認」という手順を考えていたところ、誤って足もとに向けずにお湯を出してしまい、Nさんの身体にお湯がかかり、「熱い」と声があがった。

　　その場で謝罪し、入浴介助を中断。タオルを肩にかけ、待っていただき、看護師に連絡し、浴室に来てもらう。「異常なし」の判断を受け、本人の意思を確認し、入浴を継続。本人も「身体にいきなり湯がかかってびっくりしただけ。なーに、大丈夫だよ」と笑顔で話された。

3部 介護記録の〇と×

悪い例

```
14:00  入浴介助
    入浴介助。介助時に湯温の確認ミスがあり、
    「熱い」と言われた。看護師を呼び、確認後、
    入浴介助を続けた。
```

解説

ゆとりをもった対応が、客観的な記録につながる

　この事例はいわゆる「介護事故」です。良い例の記録には、入浴介助の手順と遂行(すいこう)の状況が書かれています。それが、どの時点で、何がどのようになり、なぜ起こったのかが記載されており、その後の対応方法も記載され、本人の様子もわかります。

　事故を起こしてしまうと、誰でも動揺するでしょう。そんなときは1人で対応せず、「応援」を呼んで、ゆとりをもった対応を心がけましょう。そうすれば、記録も客観的(きゃっかんてき)な視点で残すことが可能となります。

4 入浴の記録〇と×

3 機械浴槽の介助

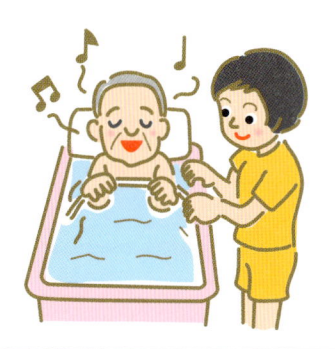

4 入浴の記録○と×

良い例

10:20　入浴介助

　入浴前、浴室でかける希望の曲を尋ねると「いつものやつで」と言われる。身体を洗い、湯船につかると、本人も流れてくる曲に合わせて大きな声で「○×△△〜、○○□ううう〜」と口ずさむ。
　いつものように、隣で一緒に歌う。曲が終わると「○○は最高だね」と笑いながら、右手で顔の汗をぬぐっていた。

3部 介護記録の○と×

> **悪い例**
>
> 10:20　入浴介助
>
> 　　入浴は音楽を聞きながら入る。ご機嫌であった。

解説

根拠のある記録につなげよう

　悪い例の記録は、客観的事実の記載だけです。どのように機嫌がよかったのか、推測するための具体的な根拠(本人の言葉など)がほしいですね。

　良い例の記録には、介護職が本人に入浴を楽しんでもらうために音楽を流していること、歌を一緒に歌うことが記載されています。

　このように、介護職とのかかわりも表現することによって、読み手にも利用者の「楽しんでいる様子」が伝わりやすくなります。

4 シャワーチェアでの介助

4 入浴の記録○と×

良い例

15:00　入浴介助

　　本人持参のあかすりに石けんをつけて渡すと、胸部・左腕・腹部・腰部・陰部・大腿部の手が届く範囲をご自身で洗い、終わると、「お願い」とあかすりを介護職に手渡す。手順とおりにあかすりをもみ出し、新たに石けんをつけ、介護職が右腕と背部、下腿を洗う。背中を洗うと「自分ではそううまくは洗えないから、気持ちいいね」と話された。

3部　介護記録の〇と×

悪い例

```
15:00　入浴介助
　　入浴介助。洗体（せんたい）では、本人の手の届く範囲は
　自分でしてもらい、届かないところを介助する。
　背中を洗うと気持ちよいとのこと。
```

解説

行為を分解して記録しよう

　悪い例の記録でも、自立支援の記録としては、利用者が自分で洗うことができる箇所に変化がみられないような場合には、このような記載も有効でしょう。

　しかし、身体を洗う行為を「洗体」とひとくくりにせず、良い例の記録のように、本人が洗えるところはどこで、手の届かない箇所、支援する箇所はどこなのかを、身体各部位の名称を用いて表記すれば、ほかの人にも理解しやすくなるでしょう。

4　入浴の記録〇と×

5 四季の「お湯」を愉しむ

4 入浴の記録〇と×

良い例

14:00　入浴介助

　　本日は5月の行事浴の菖蒲湯であった。浴室に入ると本人から「ああ、5月なのねぇ」という声があがった。背中を洗いながら「菖蒲湯はよく入られましたか」と尋ねると、「うんんと、そう、小さい頃はねぇ〜」と言われた。
　　浴槽に入ると、菖蒲を手に取り、茎を手でもみ「そうそう、この香りって懐かしいわねぇ」とつぶやき、童謡の「背くらべ」の歌詞を口ずさんでいらした。

3部 介護記録の○と×

悪い例

```
14:00  入浴介助
    本日は行事浴で菖蒲湯を提供。本人「背くら
    べ」を歌う。
```

解説

利用者の「回想」は詳しく残そう

施設では、浴槽に四季折々の"名物"を浮かべて、行事浴を提供することがあります。これらの取り組みは、利用者にも好評なようで、これらの場面で、利用者の過去の生き方に触れる機会もあるかもしれません。

利用者が自分の過去を回想する場合、家族やほかの介護職と情報を共有できるように、その状況を詳細に記録しておきましょう。悪い例の記録では、歌を歌うに至るまでの本人の状態が書かれていません。喜怒哀楽を含めた観察を記録として残しましょう。

5 レクリエーションの記録○と×

1 ホーム喫茶を愉しむ

良い例

15:10　ホーム喫茶

　ホーム喫茶に参加。「桜餅、練り切り、うぐいす餅」という和菓子のなかから選んでいただく。
　「この桜餅がいい」と指さしで選択していただく。選んだ理由を尋ねると「桜餅は葉っぱがしょっぱいから好きなのよ(笑)」とのこと。前に置くと、スプーンで切り分けて口へ運び「これよ、これ！　○○屋の桜餅が一番」と笑顔で食（しょく）されていた。

3部 介護記録の〇と×

悪い例

```
15:10  ホーム喫茶
       ホーム喫茶に参加。桜餅を希望し、完食。
```

解説

「支払い明細書」で終わらない記録を！

悪い例の記録は、レストランの伝票と同じでしょう。支払い明細書としてならば有効ですが、余暇活動の記録とすれば不十分です。

ホーム喫茶などを開催する目的（施設では通常味わえないことの経験）を認識し、各利用者の発言をできるだけ記録できるように意識してかかわり、記録に残します。

余暇活動のなかから、それまでわからなかった一面や、本人の望むことが浮き彫りになり、新たな発見につながる場合も少なくないのです。

2

5 レクリエーションの記録○と×

車いすで行う風船バレー

良い例

14:00　余暇活動

　本日Nさんは、Cさんを誘って風船バレーの試合に参加。チーム分けのときから、「Cさんはこっちよ！」とNさんがメンバーの組み合わせも決めていた。

　ゲームが始まると、車いすから身を乗り出して、「そーうれ」「はいよ！」とかけ声を出し、にぎやかだった。

　終了後は、Nさんが隣に座るCさんに「Cさん、楽しかったわねぇ〜。またやりましょう！」と声をかけていた。Cさんも「ええ、ええ、故郷の富山でみんなこうやっていましたよ。こりゃストレス発散できるよねぇ」と笑顔で答えていた。

3部 介護記録の〇と×

悪い例

```
14:00  余暇活動
     風船バレーに参加。本人は、前列で張り切っ
   て風船を追い、拾っていた。
```

解説

利用者同士のかかわりも記録しよう

　悪い例の記録は、本人（Nさん）が「張り切っていた」ことは記録されていますが、Cさんがなぜ参加したのかなど、その「張り切っていた」と見えた「根拠」や「過程」が記録されていません。

　余暇活動は、利用者同士の交流を目的に行われているため、介護職と利用者よりも、利用者同士のかかわりに重点がおかれています。そうであれば「　」（かぎ括弧）等を用いて、利用者同士のかかわりや、会話を記録し、その場にいないほかの介護職も、その記録を読めばその情景を想像できるように記載していきましょう。

3 うちわピンポンへの誘い

5　レクリエーションの記録○と×

良い例

15:30　余暇活動

　おやつの時間を終えた後、本人を「うちわピンポン」に誘う。最初は手を振り、拒否の態度を示していたが、「Eさんがこの前の続きをしたいと言っていますよ」と伝えると、驚いたように目を見開き、「じゃ、行く！」と言われた。
　しかしながら、「うちわピンポン」は、うちわを持つ手がふるえるため、思うように操作できない様子であった。時折「ああ、だめ」などくやしがる表情が見られたが、それでも、何とか1勝をあげることができた。
　「Bさん、すごいじゃないですか！」と本人に声をかけると、手を振りながら照れ笑いを浮かべていらっしゃった。

3部 介護記録の〇と×

悪い例

```
15:30  余暇活動
       本人をうちわピンポンに誘う。Eさんと対戦
       し、1勝をあげた。
```

解説

介護職の言葉がけも「記録」の大切な要素

意欲の低下がみられている利用者を、余暇活動に誘うことは、かなり難しいかかわりと言えます。介護職は参加してもらうために現場でいろいろな工夫を凝らしています。

悪い例の記録では、その工夫した様子が残念なことにまったく記載されていないのです。良い例の記録には、介護職の促しや励ましが「 」（かぎ括弧）で記載されています。

このような言葉がけも介護技術の1つなのです。であれば、普段から意識してこのようなアプローチも記載しましょう。

4 華道クラブで"四季"を感じる

5 レクリエーションの記録〇と×

良い例

10:30 クラブ活動

華道クラブに参加。本日の花材は「芍薬」と「カーネーション」である。

レクリエーションルームに到着すると、顔なじみのボランティアのFさんのそばに座る。レクリエーション中はFさんをはじめとするボランティアの方々に任せ、終了後に迎えに来る旨を伝え、部屋を後にした。

途中で様子を見に行くと、本人が芍薬を活ける際、Fさんに水盤を押さえてもらいながら、剣山に茎を差し込んでいた。

終了後、本人を迎えに行くと、花を見せながら「芍薬は背の高さを活かして、やや長めに。カーネーションは下方に活けたのよ」と話された。

3部 介護記録の〇と×

悪い例

```
10:30 クラブ活動
    本日は本人、華道クラブに参加。ボランティ
アと交流。
```

解説

「どのように」かかわったのかも記録しよう

悪い例の記録は、ボランティアと交流した事実だけの記載にとどまっています。良い例の記録では、本人がどのようにボランティアとかかわったのか、具体的に内容も記載されています。

利用者が地域と交流することの主な目的として、ボランティアとの交流の機会が導入されているのです。そうであれば記録には、利用者がどのようにボランティアと交流したのかを残すように心がけましょう。

5 レクリエーションの記録○と×

利用者同士の諍い

良い例

```
10:30  ちぎり絵の会に参加

　　ちぎり絵の会に参加。Aグループでは、東京
スカイツリーのちぎり絵を作成中。Hさんは、
空の部分を担当していた。
　　途中でGさんが「どうしてその色をそこに貼
るのさ？　だめだめ！」と大きな声を出した。
介護職がそばに行って仲裁したが、Hさんは「今
日はもうやめとくわ」と居室へ戻ろうとした。
　　そこで、Hさんと居室まで付き添い、気分を
害されたことを詫びると、「あなたは何にも悪
くないわよ。Gさんは時々大きな声を出すで
しょう？　あれが嫌なのよ」と話された。
　　そう言いながらも、ちぎり絵の会には明日ま
た参加していただけるとのこと。
```

3部　介護記録の〇と×

> **悪い例**
>
> 10:30　ちぎり絵の会に参加
> 　　　　ちぎり絵の会に参加。HさんとGさんが口論となり、途中でHさんは居室へ引き上げた。

解説

利用者同士の関係性の維持への具体的な援助内容を

　悪い例の記録は、HさんとGさんとの間で口論があったことは記載されていますが、具体的な内容にはふれていません。良い例の記録では、介護職がHさんの気持ちに寄り添おうと行っている援助の様子が記載されています。

　介護現場で、利用者同士の諍い(いさか)を避けることは難しいでしょう。だからこそ、介護職はその後の関係性の維持を視野におき、援助を行うのです。記録には、関係性を維持するために行った援助を具体的に記載しておきましょう。

5　レクリエーションの記録〇と×

1 園内散歩

6 外出の記録○と×

良い例

15:00　散歩

　本日は天気がよいので、本人が施設の庭で日光浴に参加した。西側の花壇に水仙が芽吹き、葉を伸ばしているのを見つけて「まぁ。水仙の葉っぱがあんなに出て、花が咲くのが楽しみだわ」と話される。

　「あれ、水仙なんですか？」と尋ねると、「そうよ。ここの庭には白と黄色の水仙が咲くのよ」と教えていただいた。

　その後、ほかの利用者と、お茶とおやつをいただき、居室に戻った。

3部 介護記録の〇と×

> 悪い例
>
> 15:00　散歩
> 　　本日は天気がよいので、本人が園庭にて日光浴をする。

解説

「職員が共有できる記録」という視点

　悪い例の記録は、日光浴をしたことが記載されているだけで、個別性を支援していくための介護記録としては不十分です。

　良い例の記録は、利用者の観察力や、花が咲くのを楽しみにしている様子が記載されています。このような記録を介護職同士で共有することによって、毎年時期が来たら、利用者らに「水仙の花を見る機会」を提供する支援につなげることができるのです。

2　買い物

6　外出の記録〇と×

良い例

14:00　買い物

　　本日は、団体で行くショッピングモールへの買い物に参加。ピンク色の毛糸の帽子を購入し、帰宅する。

　　夕方、娘さんが面会に来られた。買い物に出かけてピンク色の帽子を購入したことを伝えると、娘さんが「これって、母が昔私に編んでくれた帽子にそっくりなんですよ」と話された。本人がこの帽子を選んで離さなかったことを伝えた。娘さんは「そうですか。私は中学の頃、それに似た帽子が好きで離しませんでしたからね。何かその時代のことを少しでも思い出してくれたのかもしれませんねぇ」と、涙を流しながら話されていた。

3部 介護記録の〇と×

悪い例

```
14:00　買い物
　　買い物に参加。ピンク色の毛糸の帽子を購入
し、帰宅。夕方、娘の面会あり。帽子を購入し
たことを報告。
```

解説

家族の言動も記録しよう

　悪い例の記録には、買い物に行ったことと、介護職が娘さんに報告したことだけが記載されています。これでは、介護職の行った援助は見えてきませんね。

　良い例の記録では、利用者の様子や報告を受けた娘さんの感情を文章化し、記載しています。この記録によって、本人にとってのピンク色の帽子のもつ意味を理解しやすくなるのです。

3 回転寿司

6 外出の記録○と×

良い例

11:30　食事会に参加

　　食事会に参加する。近所のF回転寿司では、本人がカウンター席に座り、店員さんに「昔は板前さんに注文して握ってもらったもんだけどなぁ」と話しかける。すると笑顔で店員さんは「旦那、ここでもご注文をいただければお好きなものを握りますよ」とのこと。
　　「おお、そうかい。それならば、マグロ、いくら、……それにハマチ！」と自ら注文し、「うまいうまい」と言いながら、むせることなく、おいしそうに笑顔で食されていた。

3部 介護記録の〇と×

悪い例

```
11:30　食事会に参加
　　　　食事会に参加。F回転寿司で、自分でお寿司
　　　　を注文して食された。
```

解説

読み手に利用者の様子がわかる記録を

　外出支援の目的には、利用者が介護職以外の人とかかわる機会をつくることもあります。そのため記録には、単に外出したことだけではなく、そこで出会った地域の人々とのかかわりも記載しましょう。

　良い例の記録では、本人が店員さんとかかわる様子が「　」（かぎ括弧）を用いて表現され、本人の満足な様子が読み手にも伝わってきます。

6 外出の記録○と×

4 花見

良い例

14:00　外出

　隅田川沿いの土手(どて)まで散歩に出かける。途中、ベンチに座り、花見となった。
　本人は、満開の桜を見ながら「子どもの頃、長野県で育ったんでね。田植えの時期に桜が咲くのよ。神社では田植え祭りがあって、ぼた餅が振る舞われたものよ」と話された。もう少し話していただこうと「田植え祭り……ですか？」と尋ねてみた。
　「ああ、田植え歌なんか歌ってね。そりゃ、にぎやかなもんで、大はしゃぎだったわ」とのこと。その後、車いすで来た利用者のAさんと、今年の桜の様子について談笑され、14:30に施設に戻られた。

3部 介護記録の○と×

悪い例

```
14:00  外出
       隅田川沿いの土手まで散歩に出かける。桜の
       花が満開だった。しばし木の下のベンチで談笑
       して過ごして戻られた。
```

解説

「回想」へのプロセスを記載しよう

外出では、利用者がさまざまな刺激を受けて、過去の出来事を思い出したり、話し出したりすることがあります。この場合、介護職は、本人が「その時代に思いを馳せられる」ように支援します。

その援助は「談笑」という言葉でまとめてしまうのではなく、利用者の発信した言葉と介護職の言葉を記載して、利用者が過去の回想に至った援助内容を記録しましょう。

過去の回想に至った援助内容

6 外出の記録○と×

5 コンビニへの買い物

良い例

15:00　買い物

　昼食時、コンビニまで行きたいという要望を受け、15:00過ぎに行くという約束をした。
　15:00に居室を訪ねると、すでにトイレを済ませ、出かける準備は済んでいた。
　コンビニでは、化粧水、乳液、のど飴を購入され、全部で1,350円を支払った。
　支払い時には介護職が財布を持ち、本人が中から500円、100円、50円硬貨を取り出して会計を済ませ、施設に戻った。

3部 介護記録の〇と×

悪い例

```
15:00  買い物
    コンビニまで買い物に出かける。化粧水と乳
    液と飴を購入。支払いは利用者が自分で済ませ
    た。
```

解説

支援の過程がわかるように記載しよう

　買い物の支援とは、社会性を維持する支援と言えます。介護職は、本人が好みの品物を選べるように見守り、会計では一緒に並んで順番を待ちます。会計は、本人ができるのであれば、支払いができるように支援します。こうした一連のかかわりを、読み手がわかるように記録しましょう。

1 掃除中に湯飲み茶碗を割る

7 事故の記録○と×

良い例

10:30　掃除（湯飲み茶碗を割る）

　居室を掃除中、テーブルの上にあった湯飲み茶碗を床に落とし、割ってしまう。すぐに本人に湯飲み茶碗を見せ、謝罪した。

　本人は、割れた茶碗を手にして「割れた物は仕方ないわ。でもあなた、けがはなかったの？」と、介護職のけがを気遣ってくれた。

　けがはない旨を告げ、再度謝罪する。「まぁまぁ、仕方ないわよ。その代わり、今度〇〇店まで買いに行きたいから連れて行ってちょうだいね」との依頼を受けた。

　なお、事故の詳細は、事故報告書に記載・報告済み。

3部 介護記録の○と×

> **悪い例**
>
> 10:30　掃除(湯飲み茶碗を割る)
> 　　居室を掃除中、湯飲み茶碗を破損する。本人に謝罪する。詳細は事故報告書で報告済み。

解説

事故報告では初期対応の様子を記載

　介護事故を起こした場合、施設や事業所は事故報告書を作成しています。その場合も、介護記録には、介護職がかかわった初期対応の様子を記載しておきましょう。

　良い例の記録は、利用者が介護職のけがを気遣ったり、お店に連れて行ってほしいとの要望を受けた様子が記載されています。これならば、後で読み返しても、介護職が事故の後にとった行動の内容がわかります。

2　爪切りでの事故

7　事故の記録〇と×

良い例

11:00　爪切り

　　入浴後、デイルームのいすにて爪切りを行う。爪切りの際、本人の右手の人差し指の肉を爪切りで少し切ってしまい、出血。ティッシュペーパーで止血後、看護師を呼ぶ。駆けつけた看護師が消毒して、絆創膏を貼った。

　　看護師から「出血が止まらない場合には、再度連絡すること」という指示を受け、居室に戻る。本人に謝罪すると「切れたのは仕方ない。今度は注意してほしい」と話された。

　　再発防止策として、麻痺側の爪切りでは、爪の下皮の状態を確認しながら切ることが考えられる。

106

3部 介護記録の〇と×

悪い例

```
11:00  爪切り
    入浴後、爪切りを行うも、右手人差し指の肉
    を少し切り出血。看護師を呼んで処置を依頼。
```

解説

介護記録にも事故のプロセスを記載しよう

悪い例の記録には、けがをしたことと、その対応方法しか記載されていません。事故報告書には詳細に書かれているかもしれませんが、このような事故はほかの状況でも可能性があります。

事故の原因が利用者の特性による場合であれば、再発防止策を考えて記載し、ほかの介護職にも周知しましょう。

再発防止策を考えて
ほかの介護職に周知する

3 移乗の失敗

7 事故の記録○と×

良い例

17:15　移乗介助

　居室より、車いすにて食堂へ誘導。食堂で立位介助を行い、食堂のいすに移乗する際、バランスを崩してしゃがみ込み、転倒となった。本人に痛みを確認するが、特にないとのこと。

　転倒の原因は、移乗の際の説明不足と、本人が足の基底面を広くとる前に立位介助を試みたため、バランスを崩したことにあると考えられる。

　今後介助を行うときには、行う介助行為について説明し、本人の同意を得て、目視で足の位置を確認したうえで行う必要がある。

3部 介護記録の〇と×

悪い例

```
17:15  移乗介助
       車いすから食堂のいすへ移乗の際、うまく座
       れずに、床にしゃがみ込んでしまった。痛みの
       訴えは特になし。
```

解説

原因と防止策を記録に残そう

悪い例の記録は「なぜ床にしゃがみ込んでしまった（転倒した）のか」という原因が記載されていません。これでは、同じ事故を繰り返す可能性を否定できませんよね。

それに対して良い例の記録では、介護職が原因を分析し、再発を未然に防ぐ手だてが記載されています。

事故報告書の作成時には、事故を分析し、原因の究明や再発防止策を考えますが、介護記録にもその時点で判明している原因や考えられる防止策を記載し、ほかの介護職と課題を共有する姿勢が必要でしょう。

7 事故の記録○と×

4 入浴中の事故

良い例

10:45　入浴介助

　　入浴中、Iさんの「もう上がるよ〜」との声が聞こえたが、Jさんの背中を洗う介助を行っていたため、すぐに応じることができなかった。
　　しばらく、Iさんに待っていただくように伝え、Jさんの介助終了後、手についていた石けんを落とし、迎えに行こうと浴室に入った。
　　しかし、本人は待ちきれず、立とうとしてバランスを崩し、湯船に沈みかけたため、慌てて近寄って救助した。「あぁ〜、沈むかと思ったぁ！　恐かったぁ」と話された。本人に体調をうかがい、特に異常のないことを確認。すぐに来ることができなかったことを詫びるとともに、介護職が来るまで立ち上がらずに待っていただくようにお願いした。

悪い例

```
10:45  入浴介助
    湯船から上がるときに、立とうとしてバラン
スを崩し、沈みかける。沈む直前に介護職が救
助し、特に異常もみられなかった。
```

解説

どのような場面で、なぜそうなったのか

悪い例の記録では、Iさんがバランスを崩して沈みかけたことだけの記載にとどまっています。これでは、どのような場面で、なぜそうなったのかがわかりません。

良い例の記録を見ると、利用者とのやりとり、介護職がとった行動が明記されています。このような記録であれば、「なぜそうなったのか」がよくわかります。

この事例は、利用者が沈む前に助けたので一見「ヒヤリハット」のように見えますが、本人が（介護職もですが）精神的な負担を感じているため、介護事故に該当します。

7 事故の記録○と×

5 お茶をこぼす

良い例

```
15:00　おやつ
```

　　介護職がお茶のおかわりを配っていると、「こっちにもくれ〜！」と、Jさんが湯飲み茶碗を持ち上げた。振り向くと、湯飲み茶碗がJさんの手から落ちていくのが見えた。

　　すぐに駆けつけたが、湯飲み茶碗はテーブルの上に落ち、膝の上にまでお茶がこぼれていた。

　　ホールにいた人達は、落ちた音で驚いた様子。お茶は冷めていたため、やけどなどの大事には至らなかった。

　　ホールの人達に大丈夫であることを告げ、本人の羞恥心に配慮して耳もとで下着衣の着替えを促し、居室へ誘導後、下着衣の交換を行った。

3部 介護記録の〇と×

悪い例

```
15:00  おやつ
    お茶の時間に、Jさんがテーブルに湯飲み茶
碗を落とし、膝の上に残りのお茶をこぼした。
冷めたお茶なので、やけどなどはなかったが、
下着衣を交換した。
```

解説

「心」へのかかわりも記録しよう

悪い例の記録は、そのときに起きたこと、介護職が対応した行為のみが記載されています。

良い例の記録には、事故の様子が詳細に記載されており、介護職が本人とどのようにかかわったのかが把握できます。

介護職が、本人の羞恥心（こぼした恥ずかしさ）に配慮した援助を提供したことがわかります。

1 ベッドへの移乗介助

8 就寝の記録○と×

良い例

20:00　就寝介助

　　トイレで排泄を済ませ、居室へ戻る。ベッドへ移乗することを説明すると、自ら介助バーに手を伸ばした。
　　両足の足底が床に着いていることを目視で確認し、右手で膝を押さえる。左手を腰部にあてて、立ち上がることを伝える。本人が前屈みになったところを、左側に重心がくるように腰部を押し上げ、立位の安定を確認後、腸骨を持ち、身体を回転してベッドに着座した。
　　「ああ、これで休めるわ」と話された。ベッドに臥床後、ふとんをかけて退室した。

3部 介護記録の〇と×

悪い例

```
20:00　就寝介助
　　トイレにて排泄介助を済ませ、ベッドに移乗
　　し、就寝介助を行った。
```

解説

手順の記録の効果

　悪い例の記録は、介護職が行った行為を羅列しただけです。良い例の記録は、ベッドへの移乗について詳細に記録されています。このような記録を「手順の記録」と言います。

　手順の記録は、介護行為を統一する手段としても有効です。また、「　」（かぎ括弧）を使用して本人の言葉を入れることで、本人の安堵感（感情）が伝わってきます。

〇 手順の記録
× 行為の羅列

2 体位を整える

8 就寝の記録○と×

良い例

19:30　就寝介助

　臥床介助後、体位を整えるために、クッションを持っていると、本人が壁の絵を指さした。「クッションはちゃんとこの絵のとおりに入れますから、大丈夫ですよ」と伝えると、左手を前に出して「ありがとう」のサインを出してくださる。
　足・腕・背部にクッションを入れ、寝心地を確認すると、左手で「OK」のサインを出してくださったので、あいさつをして退室した。

3部 介護記録の○と×

悪い例

```
19:30  就寝介助
       臥床し、体位を整え、あいさつをして退室。
```

解説

非言語的コミュニケーションの記録

　悪い例の記録は、ここでも単に行ったことの羅列です。良い例の記録は、介助方法の「平準化」のため、施設の機能訓練士等との話し合いで、作成されたと考えられるベッドの壁に貼られた「介助の手順」の絵や本人が示すジェスチャーによる非言語的コミュニケーションの様子も記載されています。

　この情報から読み手は、介護職がクッションのあて方を統一するため、壁にイラスト等を掲示していることや、言語的コミュニケーションが困難な人に対して行われている工夫を読み取れるのです。

サインを読み取る

3 就寝前の歯みがき介助

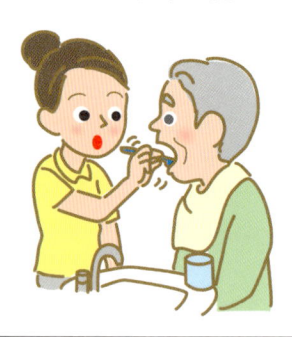

8 就寝の記録○と×

良い例

21:00　居室訪問

　　就寝介助のために居室を訪ねると、洗面台で歯みがきをしていた。鏡ごしにあいさつし、歯みがきを手伝うことを伝える。
　　「左手では思うようにみがけないんだよな」と話しながら、歯ブラシをすすいでから渡してくださった。
　　口を開けていただき、本人の右側から介助を行う。終了後「左側の奥がすっきりした」と話された。今後も右側からの口腔ケアは必要と思われる。
　　歯みがき後は、左手で洗面台に手をかけ立ち上がる。杖歩行にてベッドへ戻り、端座位をとる。介護職が短下肢装具を外すと「あぁ楽になったー」と話され横になられた。

3部　介護記録の〇と×

悪い例

```
21:00　居室訪問
　　　夕食後、口腔ケアの介助。その後、就寝介助
　　　を行った。
```

解説

技術を文章化して、サービスを統一する

　この利用者に対するサービス内容は「就寝前には歯みがきをして休んでいただく」ことです。悪い例の記録は、いわゆる「伝票」でしかありません。必要なサービスを提供したことだけが書かれているのです。

　良い例の記録では、介護職が「左手では思うようにみがけない」という本人からの訴えを受けて、右から介助をしたことが記されています。これは「自分の右手でみがいた気持ちになれるように」と考えた、介護職が行った介護技術の1つです。このような技術を文章化して、サービスの統一を目指しましょう。

4 パジャマに着替える

8 就寝の記録○と×

良い例

20:00　更衣介助

　　コールがあり、訪問すると、下着衣を脱いで、ベッドに端座位をとり、パジャマのズボンを持って「はかせてほしい」とのこと。
　　すそを手元にたぐり寄せてズボンのすそが床に着かないように配慮し、介助を行った。
　　本人は手すりにつかまり、転ばないように自ら足を上げる協力動作をしていただいた。

3部 介護記録の〇と×

悪い例

```
20:00  更衣介助
       コール対応。端座位にて下着衣の交換を行う。
```

解説

協力動作は詳しく残そう

悪い例の記録は「客観的事実だけ」の記載です。良い例の記録では、介護職がズボンのすそが床に着いて汚れることがないように配慮した様子や、利用者の協力動作が記載されています。特に協力動作（できる活動）は、介護職間で共有するためにも、できるだけ詳しい記録を残しましょう。

配慮の記録

協力動作

8 就寝の記録〇と×

8 就寝の記録〇と×

5 就寝時の体位変換

良い例

> 2:00 体位変換
>
> 　体位変換を行うために居室を訪問。本人が目覚めていたので、体位変換を行うことを説明すると、「左足が痛くて眠れない」とのこと。
>
> 　足もとを確認すると、両足にはさんでおいたクッションが外れて、両足がくっついていた。そこで、左側臥位から右側臥位に体位を変えた。
>
> 　大腿部にクッションをはさむときは、両足を広げて膝どうしがつかないようにはさみ込む必要がある。
>
> 　水分補給をしながら、左足を軽くさすると「少しよくなった」と話された。

3部 介護記録の○と×

悪い例

```
2:00  体位変換
      体位変換を行う。不眠の訴えあり。
```

解説

状況の「原因」も記録しよう

　悪い例の記録には、不眠を訴えたことが記載されているのに、その原因は記載されていません。良い例の記録では、痛みの原因と思われる「クッションが外れて、両足がくっついていた」という事実が記載され、利用者の痛みを軽減するために介護職が行った対応と具体的な援助も記載されています。

8　就寝の記録○と×

不眠の原因は？

123

9 服薬の記録○と×

1 食後の服薬介助

良い例

12:30 服薬介助

　昼食後、薬箱から本人の氏名がついている袋を取り出して、名前をお呼びする。すると「はいよ！」という返事をいただいた。
　本人であることを確認し、袋から錠剤を右手に出し、飲んでいただく。
　錠剤を落とさないように手を丸めて、口の中に入れる。目視にて、飲み残しや失敗がないことを確認した。

> 悪い例

```
12:30  服薬介助
    昼食後、服薬介助を行う。飲み残しなし。
```

解説

介護職の行為を詳しく記載しよう

　悪い例の記録は、介護職の援助行為と飲み残しがない事実だけの記載です。良い例の記録には、介護職が配薬を間違えないために行っている一連の行動（薬袋の名前を読み上げ、名前を呼び、本人の確認を行って手渡し、飲んでもらう）が記載されています。

　加えて、薬を飲み込むまでそばにつき、確認していることも記載されています。この記録を読めば、第三者でも、介護職が間違った服薬の防止のためにとった行動を読み取ることができるのです。

2 飲みにくい薬の服薬介助

9 服薬の記録○と✕

良い例

13:00　服薬介助

　便秘のため、本日の昼食時より臨時薬が処方される。

　昼食後、薬が出ていることを伝えると、本人は了解済みで「粉薬は飲みにくいんだよな〜」と話された。

　そこで介護職が、袋状オブラートの使用法を説明し、同意のもとに使って飲んでいただいたが、存外好評であった。

3部　介護記録の〇と×

悪い例

```
13:00　服薬介助
　　便秘のため、本日昼食時より臨時薬が処方される。粉薬は飲みにくいとのこと、オブラートを使用して飲んでいただく。
```

解説

利用者の「訴え」を記載しよう

　悪い例の記録は、臨時薬（頓服薬）を飲んでもらうために、介護職が行った行動が記載されているだけです。良い例の記録では、介護職がとった行動、すなわち「本人に説明し、同意を得る」という行為が理解できます。本人の訴えを記載することで、粉薬を飲んでもらうための工夫が伝わってきます。

9　服薬の記録〇と×

利用者の訴えを記載

3 解熱鎮痛薬の服薬

9 服薬の記録〇と✕

良い例

19:00　服薬介助

　　午後から発熱による体調不良の訴えあり。看護師より嘱託医から解熱鎮痛薬が処方されたという申し送りがあった。風邪の可能性を考慮し、夕食は居室への配膳とした。
　　食後、訪室して体調確認を行う。体温38.3℃。指示どおり、頓服として解熱鎮痛薬を飲んでいただいた。

3部　介護記録の○と×

悪い例

```
19:00　服薬介助
　　本日午後から体調不良。食事は居室配膳とす
る。頓服で解熱鎮痛薬を飲んでいただいた。
```

解説

連携の記録

　悪い例の記録は、介護職が行った行為が記載されているのに、なぜ頓服（症状が出たときに服用すること）として解熱鎮痛薬が処方されたのか、その理由は明記されていません。良い例の記録は、申し送り時に、看護師からの報告や発熱時の対応方法を受けていたことがわかります。

　看護と介護は連携をとりながら援助を行っています。当たり前と思わず、そのつど「連携の記録」を残すように心がけましょう。

9　服薬の記録○と×

4 就寝前の服薬介助

9 服薬の記録○と×

良い例

21:00　服薬介助

　就寝前に服用する薬を持って、居室を訪問し、薬を飲む時間であることを説明する。
　本人はすでに眠りかけていたようで、応答はあいまいであった。そこで再び名前を呼んで、覚醒(かくせい)を促した。
　本人が目覚めるのを待ち、目覚めたのを確認したうえで、ストロー付きコップを使って薬を飲んでいただいた。

3部　介護記録の〇と×

悪い例

```
21:00　服薬介助
　　　ベッド上にて服薬介助。特変なし。
```

解説

具体的な援助行為や方法を記載しよう

　悪い例の記録は、必要なサービスを提供したという伝票のような記録になっています。良い例の記録を読んでわかるように、介護職が訪室した際、利用者はすでに眠りについていたと考えられます。

　21:00という時間は、本人の通常の就寝時間からは少し早いと考えられたのかもしれません。そうであれば、薬の副作用や、日中の活動に原因があることも考えられますので、そのあたりの観察も必要となってくるかもしれませんね。

　良い例の記録では、薬を飲む時間であることの説明、覚醒を促した行為、ストロー付きコップを使用したことなど、具体的な援助行為や方法が記載されています。

9　服薬の記録〇と×

131

5 薬を飲みたくない人への介助

9　服薬の記録○と×

良い例

17:45　服薬介助

　食後の服薬介助で、いつもとおりに袋状オブラートに入れることを伝えると、「嫌」と首を振り、「それ（袋状）でもオブラートは飲みにくい」とのこと。

　その後、少し残っていたゼリーの容器を指差し「ここへ入れろ」と希望されたので、容器に入れるとゼリーの味が落ちることも伝える。

　そのうえで薬が飲める程度の分量（1さじ分）を小皿に取り、粉薬を混ぜて食べていただいた。この件は別途看護師に報告済み。

3部 介護記録の〇と×

悪い例

```
17:45　服薬介助
　　粉薬は袋状オブラートでも飲みにくいとのこと。本人の希望を受けてゼリーに混ぜて飲んでいただいた。
```

解説

飲みにくい原因を記録する

　悪い例の記録は、薬をゼリーに混ぜて飲ませたことだけが記載されています。なぜ飲みにくいと感じるのか、その原因を記載しておく必要があります。他者がこの記録を読んで「介護職が薬を一方的にゼリーに混ぜて飲ませた」とも受け取られることも。

　良い例の記録は、利用者の言葉を「　」（かぎ括弧）を用いて記載しています。この言葉を読めば、なぜゼリーに薬を混ぜたのかを知ることができます。

9　服薬の記録〇と×

133

1 体調不良を訴える利用者の介助

10　発熱の記録〇と×

良い例

14:50　発熱対応

　　おやつの時間であることを伝えるために居室を訪問すると、車いすに座り、軽く目をつぶりテレビのほうを向いていた。

　　おやつの時間であることを伝えると、目を開き、「頭が痛い」との訴えあり。体温を測定すると37.8℃あったため、看護師に報告すると、「おやつは居室で食べていただくように」との指示があり、居室で食べていただき、その後、臥床介助を行って休んでいただいた。

　　おやつの水ようかんは全量、ほうじ茶は2杯召し上がられた。

3部 介護記録の〇と✕

悪い例

```
14:50  発熱対応
    おやつの時間を伝えるために居室を訪問する
と、頭痛の訴えあり。体温測定し、37.8℃。看
護師に報告。おやつは居室で食べていただいた。
```

解説

利用者の様子がわかる記録を

　悪い例の記録は、介護職が行った行為だけの記載にとどまり、熱がある本人の様子をうかがい知ることができません。

　良い例の記録では「テレビを見ていた」「頭痛を訴えた」「おやつを全量食べた」などの情報が種々記載されており、本人の様子が詳しくわかります。

熱がある利用者の様子は？

10 発熱の記録〇と✕

2 看護師の指示による介助

10 発熱の記録○と×

良い例

```
9:30  氷枕を使用

   看護師から、37.9℃の熱があるとの連絡を受
ける。氷枕を使用し、様子を見るようにとの指
示があった。
   氷枕に氷を入れ、居室に持参した。「急に暑
くなったからねぇ」と本人。「心配ですから、
水分をこまめに摂ってくださいね」と伝えると、
「看護師さんにも同じように言われたわ」と笑っ
て話されていた。
```

3部 介護記録の○と×

悪い例

```
9:30  氷枕を使用
      看護師より、熱発の連絡あり。氷枕をつくり、
      居室に持参した。
```

解説

「業界用語」はなるべく使わない

悪い例の記録は、看護師との連携や氷枕を持参したことについては記載されていますが、肝心の利用者の様子が記載されていません。「熱発」などの「業界用語」もあまり使わないほうがよいでしょう。

良い例の記録では、発熱された利用者の健康を気遣う介護職の姿が記載されています。

「熱発」

10 発熱の記録○と×

3 発熱時の入浴の可否

良い例

14:30　医務室との連携

　入浴誘導時に身体が熱く感じられた。検温すると、37.4℃。微熱があることを本人に伝えると、「なーに、いつもと同じだよ、大丈夫！」とのこと。

　まず、医務室に連絡し、入浴の可否をゆだねる。看護師が脱衣所において本人と相談。「長湯にならない程度なら入浴しても大丈夫」という判断を受けて入浴を実施した。

3部　介護記録の〇と×

悪い例

```
14:30　医務室との連携
　　　入浴誘導にて、体にやや熱感あり、検温する。
　　　37.4℃あり、医務室に相談後、入浴を行った。
```

解説

行為の元となる経緯を記録しよう

　悪い例の記録は、介護職が発熱を認め、検温を行ったことはわかりますが、その後「医務室に相談し、どのような経緯を経て入浴をすることになったのか」がわかりません。

　良い例の記録では、利用者の訴えを「　」（かぎ括弧）を用いて記載しています。さらに、看護師が脱衣所において本人の訴えを聞き、「長湯をしない程度の入浴なら可能」と判断したことが記載されているので、介護職が看護師からの指示を受けて入浴の支援を行った経過がわかります。

10　発熱の記録〇と×

4 救急対応

10 発熱の記録〇と×

良い例

17:45　救急対応

　夕食を配膳したが、本人は食べようとしない。お膳を前方にずらし、腕に顔をうずめてテーブルに突っ伏していた。

　配膳後、「どうかしましたか？」と声をかけると、「具合が悪い」との訴えあり。目で見ても、顔が赤くなって、目は涙目であった。

　居室に戻っていただき、検温すると38.0℃であった。医務室に連絡。看護師が本人と話し、病状をみる。その後、電話で嘱託医に相談し、救急外来を受診することとなった。

18:15　通院

　通院の準備をし、看護師と本人で病院へ向かうのを見送った。

悪い例

```
17:45  救急対応
    夕食時に配膳を行うも、食べようとせず、具
    合が悪そうなので居室に戻る。検温で38.0℃の
    ため、医務室に連絡。救急対応をとり、食事は
    下膳した。
```

解説

看護師との連携を記録する

　悪い例の記録では、介護職の対応が簡潔に記載されていますが、本人の体調の急変に際して、どのようなかかわりがあったのかがわかりません。

　良い例の記録では、介護職が本人の顔色から事態を把握していくまでの状況が具体的に書かれています。

　医務室に報告後、どのように対処されていったのかも具体的に記載されています。このように、介護職と看護師との連携も介護記録に残しておきましょう。

5 発熱のある利用者への介助

10　発熱の記録〇と×

良い例

14:50　発熱対応

　　おやつの時間のため、食堂へ誘導。歩行器での移動に付き添う。エレベーター前でふらつきを確認したため、いすに座っていただき、検温すると37.2℃あり、医務室に連絡する。

　　看護師から「本日は気温が上がったため、体温も上がったと考えられる。常時、水分補給を行うこと」との指示があった。その旨を伝えると、冷蔵庫にりんごジュースがあるというので、冷蔵庫から本人の名前のついた紙パック入りのりんごジュースを取り出し、手渡すと、一気に飲まれた。

　　夕食前の体温は36.8℃。これからの時期、脱水状態にも注意が必要と考えられる。

3部　介護記録の〇と×

悪い例

```
14:50　発熱対応
　　おやつのために食堂へ誘導。歩行器で移動中
　　にもふらつきあり。いすに座ってもらい、検温
　　すると37.2℃。医務室の指示を受け、水分補給
　　を促す。夕食前には36.8℃であった。
```

解説

提供した介護行為はひととおり文章化する

　悪い例の記録は、介護職と看護師との連携内容が記載されていません。

　良い例の記録では、水分補給をするにあたり、本人の好みの飲み物を冷蔵庫から出すという支援までが記載されています。介護職が提供した介護行為はひととおり文章化して残しておきましょう。

看護師
介護職

著者略歴

佐藤ちよみ（さとう ちよみ）

対人援助スキルアップ研究所所長。介護福祉士・介護支援専門員・東京都第三者評価者。保母（現・保育士）として保育園勤務ののち、介護業界へ転身。特別養護老人ホーム、介護サービス事業所勤務を経て独立。2004年、対人援助スキルアップ研究所を設立。サービス提供責任者や介護支援専門員のスキルアップ研修、対人援助技術講習、施設の新人研修、介護技術研修の講師などの各研修事業や交流分析インストラクターとして後進の指導・育成に力を注いでいる。著書に『サービス提供責任者の業務実践マニュアル』（小社、2012年）ほか多数。ブログとして、「佐藤ちよみ　新・寺子屋の休み時間～かいご職サポーター2～」（http://kaigoterakoya.seesaa.net/）などを公開中。

ポケット判　介護の○と×シリーズ

記録の書き方○と×

2013年2月1日　初　版　発　行
2018年2月20日　初版第4刷発行

著　者　佐藤ちよみ
発行者　荘村明彦
発行所　中央法規出版株式会社
　　　　〒110-0016　東京都台東区台東3-29-1　中央法規ビル
　　　　営　業　TEL03-3834-5817　FAX03-3837-8037
　　　　書店窓口　TEL03-3834-5815　FAX03-3837-8035
　　　　編　集　TEL03-3834-5812　FAX03-3837-8032
　　　　https://www.chuohoki.co.jp/
　　　　Eメール　reader@chuohoki.co.jp

装　丁　　　　はせまみ
イラスト　　　ちよ(表紙)／藤田侑巳(本文)
印刷・製本　　サンメッセ株式会社

ISBN978-4-8058-3740-5

本書のコピー、スキャン、デジタル化等の無断複製は、著作権法上での例外を除き禁じられています。また、本書を代行業者等の第三者に依頼してコピー、スキャン、デジタル化することは、たとえ個人や家庭内での利用であっても著作権法違反です。
落丁本・乱丁本はお取り替えいたします。